Impressum
Verlag: BABADADA GmbH, Nedderfeld 112 , 22529 Hamburg
Geschäftsführer / Verlagsleitung: Harald Hof
Druck: Books on Demand GmbH, In de Tarpen 42, 22848 Norderstedt

Imprint
Publisher: BABADADA GmbH, Nedderfeld 112 , 22529 Hamburg, Germany
Managing Director / Publishing direction: Harald Hof
Print: Books on Demand GmbH, In de Tarpen 42, 22848 Norderstedt

sukuu

shule

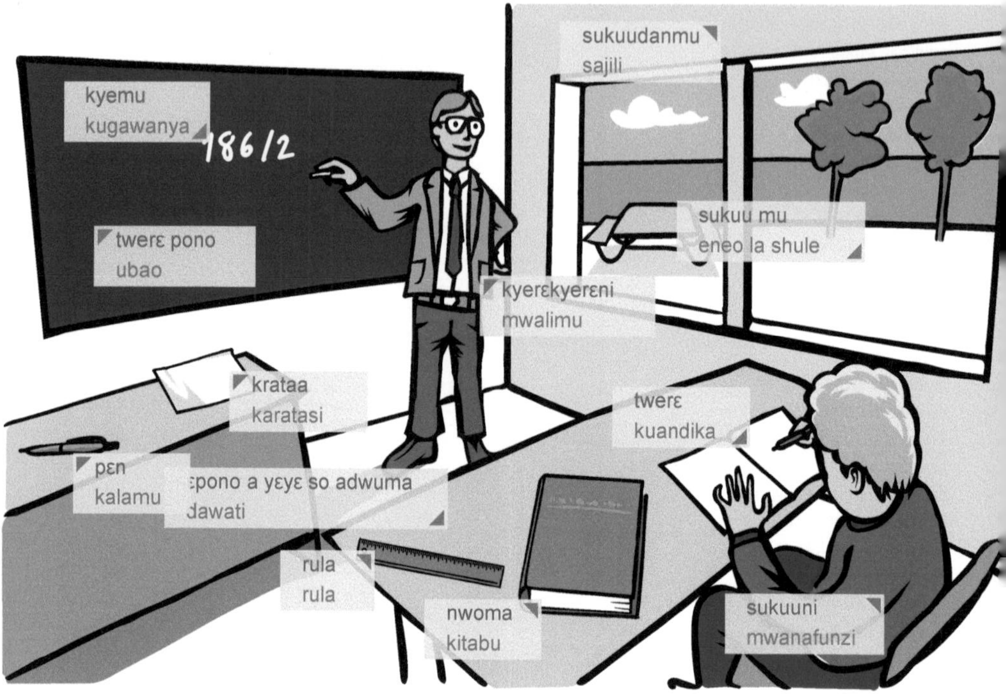
sukuudanmu
sajili
kyemu
kugawanya
186/2
twerɛ pono
ubao
sukuu mu
eneo la shule
kyerɛkyerɛni
mwalimu
krataa
karatasi
twerɛ
kuandika
pɛn
kalamu
ɛpono a yɛyɛ so adwuma
dawati
rula
rula
nwoma
kitabu
sukuuni
mwanafunzi

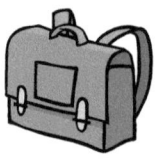

baage

mkoba

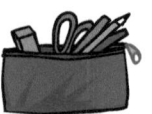

twerɛdua konko

kikasha cha penseli

twerɛdua

penseli

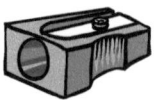

deɛ yɛde sensen twerɛdua ano

kichonga penseli

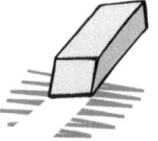

rɔba

mpira

krataa a yɛdwi adeguso

pedi ya kuchora

adedwie
uchoraji

penti brɔhye
brashi ya rangi

penti adaka
sanduku la rangi

apasoɔ
mkasi

aman
gundi

nwoma a yɛyɛ mu adwuma
daftari

efie adwuma
kazi ya nyumbani

12

nɔma
nambari

2+2

kabom
jumlisha

5-2

te fri mu
ondoa

2×2

mmoho
zidisha

sese
kokotoa

A

lɛtɛ
barua

ABCDEFG HIJKLMN OPQRSTU VWXYZ

ntwerɛeɛ
alfabeti

hello

asɛmfua
neno

ntwerɛdeɛ
maandishi

kenkan
kusoma

kyɔk
chaki

adesua
somo

twerɛ wo din
sajili

nsɔhwɛ
uchunguzi

abodinkrataa
cheti

sukuu ataadeɛ
sare za shule

adesua
elimu

nyansa nwoma
elezo

suapɔn
chuo kikuu

maakroskop
darubini

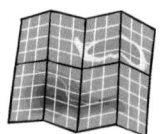

map
ramani

kɛntɛn a yɛde krataa nwura
gu mu
kikapu cha kuweka karatasi
chafu

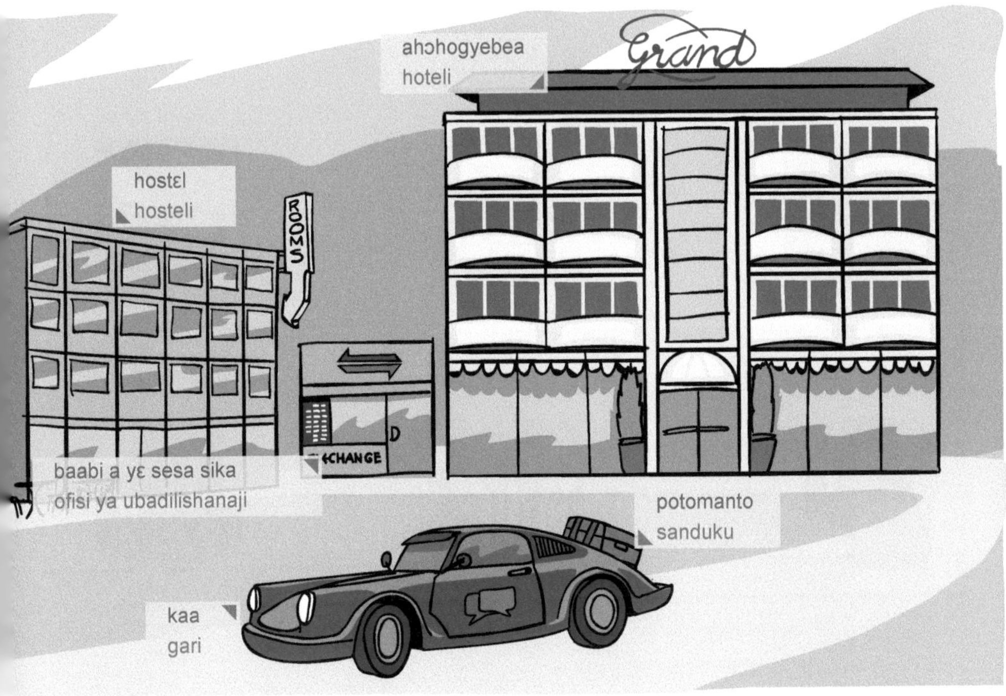

ahɔhogyebea
hoteli

Grand

hostɛl
hosteli

ROOMS

baabi a yɛ sesa sika
ofisi ya ubadilishanaji

EXCHANGE

potomanto
sanduku

kaa
gari

kasa
....
lugha

aane / dabi
....
ndiyo / la

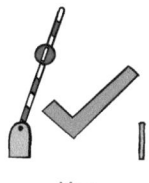

Yoo
....
sawa

hɛlo
....
hujambo

kasa asekyerɛfoɔ
....
mtafsiri

Medaase
....
Asante

...boɔ yɛ sɛn?

kiasi gani ni ...?

Me nte aseɛ

Sielewi

ɔhaw

tatizo

Maadwo!

Jioni njema!

Maakye!

Habari za asubuhi!

Dayie!

Usiku mwema!

baibai o

kwa heri

akwankyerɛ

mwelekeo

wo nneɛma

mizigo

botɔ

mfuko

akyirebotɔ

shanta

ɔhɔhoɔ

mgeni

danmu

chumba

botɔ a yɛda mu

begi la kulalia

ntomadan

hema

akwantuo - usafiri

nsɛm dema wɔn a wɔkɔ
nsrahwɛ

taarifa ya utalii

mpoano

ufuo

kaade a yɛde yi sika

kadi

anɔpa aduane

kifunguakinywa

awua aduane

chakula cha mchana

anwumerɛ aduane

chakula cha jioni

tiket

tiketi

pegya

kuinua

stamp

muhuri

ɛhyeɛ so

mpɔka

kutɔmfoɔ

mila

embasi

ubalɔzi

visa

visa

passpɔt

pasipoti

akɔneabadie

usafiri

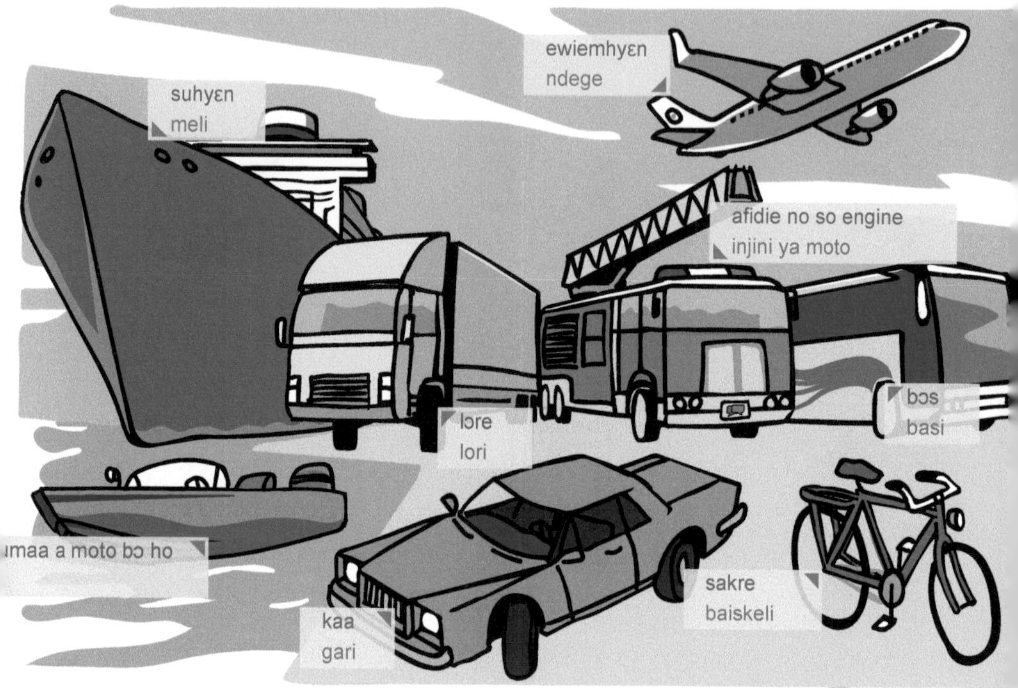

ewiemhyɛn
ndege
suhyɛn
meli
afidie no so engine
injini ya moto
bɔs
basi
lɔre
lori
maa a moto bɔ ho
sakre
baiskeli
kaa
gari

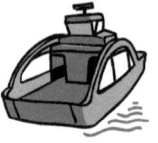

hyɛma

feri

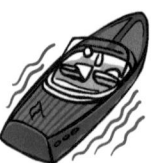

suhyɛn kumaa

mashua

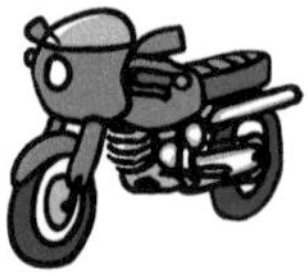

motosakre

pikipiki

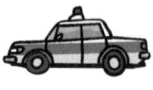

polisifoɔ kaa

gari la polisi

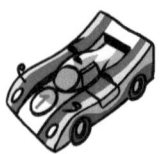

kaa a ɛkɔ mirika akansie

gari la mashindano

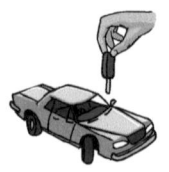

kaa a yɛde ma ahan

gari la kukodisha

wɔre kyɛ kaa

kushiriki gari

lɔre a asɛeɛ

lori la kuvuta

bɔola kaa

ukusanyaji taka

moto

motor

pɛtro

mafuta

baabi a yɛbu pɛtro

kituo cha mafuta

trafik ahyɛnsodeɛ

ishara trafiki

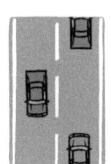

trafik

trafiki

trafik akye

msongamano

baabi a yɛde kaa esi

maegesho

keteke gyinabea

kituo cha treni

keteke kwan

reli

keteke

garimoshi

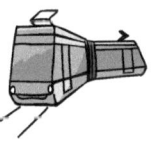

tram

tremu

ponkɔ kaa

gari la mizigo

helikopta
helikopta

ewiemhyɛnbea
uwanja wa ndege

abansoro
mnara

apasingyani
abiria

tontowa
chombo

adaka
katoni

kaate
mkokoteni

kɛntɛn
kikapu

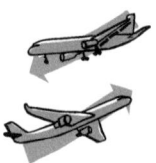

atu / asi fam
ondoka

kuro kɛseɛ
jiji

akurase
kijiji

kuro dwaberɛ mu
katikati ya jiji

efie
nyumba

sinidanmu
sinema

dawurobɔ
tangazo

ɛkwan so kanea
taa za mitaani

CINEMA

ɛkwan
barabara

taisi
teksi

kiosk
duka la vitafunio

nnipa
mtembea kwa miguu

kaakwan ho
njia ya waenda kwa miguu

baabi a yɛtwa kwan mu
kivuko

ɛnsen wɔ mmɔntenso

ntwamu
kuvuka

trafik kanea
taa za trafiki

apata
kibanda

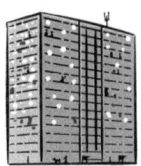

efie
gorofa

keteke gyinabea
kituo cha treni

adwaberɛm
ukumbi wa mji

bea a yɛ kora tete nneɛma
Makavazi

sukuu
shule

kuro kɛseɛ - jiji

suapɔn

chuo kikuu

sikakrobea

benki

ayaresabea

hospitali

ahɔhogyebea

hoteli

famasi

duka la dawa

asoeɛ

ofisi

sotɔɔ a wotɔn nwoma

duka la kitabu

sotɔɔ

duka

baabi yɛtɔn nhwiren

duka la maua

sotɔɔpɔn

dukakuu

edwam

soko

sotɔɔ kɛseɛ

idara ya kuhifadhi

baabi a yɛtɔn mpataa

mwuza samaki

dwadibea kɛseɛ

kituo cha ununuzi

suhyɛn gyinabea

bandari

baabi kaa gyina

Hifadhi

bɛnkye

benki

ɛtwene

daraja

atwedeɛ

vidato

asaase ase

chini ya ardhi

ɛbɔn

handaki

baabi a bɔs gyina

kituo cha mabasi

nsanombea

bar

adidibea

mgahawa

lɛta adaka

sanduku la posta

ɛkwan so akwankyerɛ

ishara ya barabara

baabi kaa gyina ho mita

mita ya maegesho

zoo

bustani ya wanyama

nsuo a yɛ dware mu

kidimbwi cha kuogelea

nkramodan

msikiti

afuo
shamba

deɛ egu mmɔnten so fi
uchafuzi

asieɛ
makaburini

asɔre
kanisa

agodibea
uwanja wa michezo

asɔre dan
hekalu

mmɔnten so asiesie
mazingira

ahaban
jani

sanbɔd
ishara ya mwelekeo

kwan
njia

asaase a ɛsere wɔ so
malisho

boba
jiwe

ɔnantefoɔ
mtembeaji wa masafa

dua
mti

asubɔnten
mto

ɛserɛ
nyasi

nhwiren
ua

amenamu

bonde

bepɔ

kilima

tadeɛ

ziwa

kwaeɛ

msitu

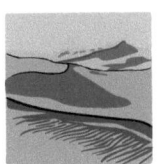

ɛserɛ so

jangwa

egya a efri botan mu

volkano

abankɛseɛ

ngome

nyankontɔn

upinde wa mvua

emere

uyoga

abɛtene

mtende

ntomntom

mbu

tu

kuruka

ntɛtea

chungu

wowa

nyuki

ananse

buibui

amankuo
....
mende

apɔnkyerɛni
....
chura

opuro
....
kuchakuro

apɛsɛ
....
nungunungu

adanko
....
sungura

patuo
....
bundi

anomaa
....
ndege

nsuo mu dabodabo
....
swan

kɔkɔte
....
nguruwe mwitu

adoa
....
kulungu

ɔtweenini
....
aina ya kongoni

dam
....
bwawa

wind turbine afidie
....
tabo ya upepo

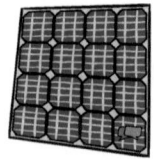

afidie a ɛkye awia
....
nishaji ya jua

wiem nsakraeɛ
....
hali ya hewa

adidibea

mgahawa

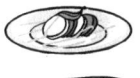

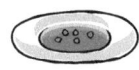

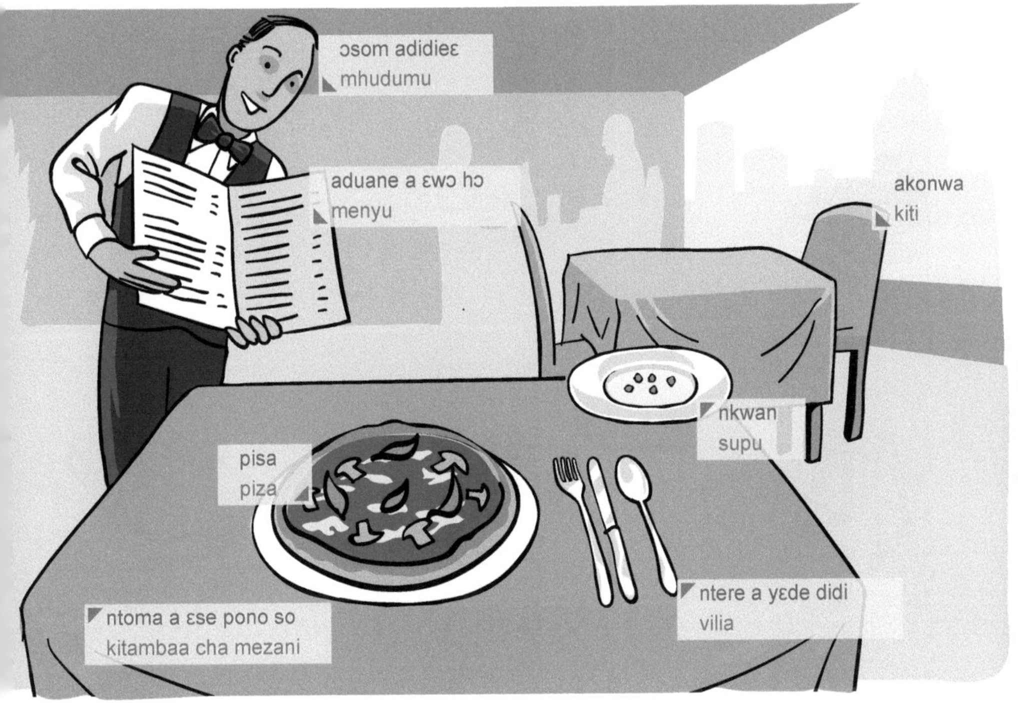

ɔsom adidieɛ
mhudumu
aduane a ɛwɔ hɔ
menyu
akonwa
kiti
nkwan
supu
pisa
piza
ntere a yɛde didi
vilia
ntoma a ɛse pono so
kitambaa cha mezani

mprampra anom

kiamsha hamu

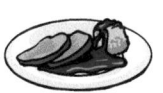

aduane no ankasa

kozi kuu

mpa anom

kitindamlo

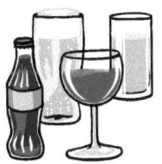

nsa

vinywaji

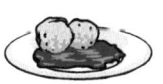

aduane

chakula

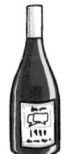

toa

chupa

aduane hyewhyew

chakula cha haraka

abɔnten so aduane

Streetfood

tii kukuo

buli

asikyire konko

kisanduku cha sukari

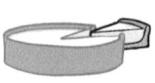

wo kyɛfa

sehemu

espresso afidie

mashine ya espresso

akonwa tenten

kiti kirefu

wo ka

muswada

apanpan

trei

sekan

kisu

adinam

uma

atere

kijiko

atere ketewa

kijiko cha chai

napkin a yɛde pepa ano

nepi

glase

glasi

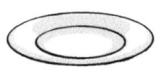

prɛte

sahani

kwan kyɛnsee

sahani ya supu

prɛte ketewa

sufuria

abomu

mchuzi

nkyene kukuo

kichanyaji chumvi

yɛde yam mako

kinu cha pilipili

fenega

siki

anwa

mafuta

aduhwam

viungo

kɛkyɔp

kechapu

mustad

haradali

mayones

kachumbari nzlto

sotɔɔpɔn

dukakuu

ntesoɔ soronko
ofa maalum
FOR
adetɔfoɔ
mteja
nanatwie nufusuo
maziwa
aduaba
matunda
hwiili
toroli

BUTCHERS

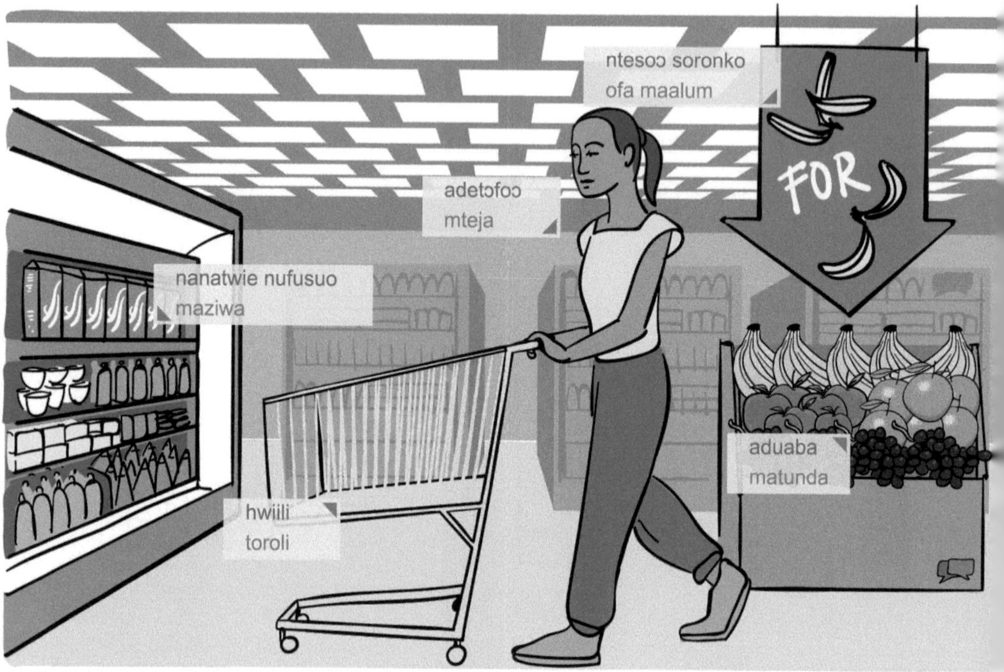

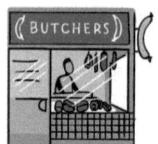

baabi a yɛtɔn nam

mchinjaji

BAKERY

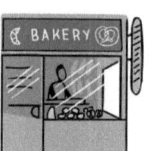

baabi a yɛtɔn paano

mwokaji

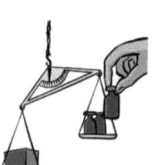

susu

uzito

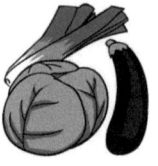

atosodeɛ

mboga

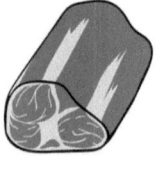

nam

nyama

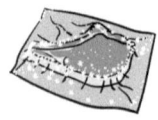

frigyemu aduane

chakula waliohifadhiwa

nam a adwɔɔ

ipande vya nyama baridi

kyɛnsee mu aduane

chakula cha kopo

paoda samena

sabuni ya unga

adedɔkɔdɔkɔ

pipi

efie nneɛma

bidhaa za kaya

adetɔneɛ a yɛde pepa fin

bidhaa za kusafisha

nnipa a ɔtɔn adeɛ

mtu mauzo

afidie a egye sika

mpaka

ɔgyegye sika

keshia

rataa a wodi rekɔ di dwa

orodha ya manunuzi

berɛ a wɔde bua

maɜaa ya ufunguzi

sikabɔtɔ

mkoba

kaade a yɛde yi sika

kadi

baage

mfuko

rɔba baage

mfuko wa plastiki

nsuo

maji

aduaba mu nsuo

sharubati

nufusuo

maziwa

kok

coke

wain nsa

mvinyo

biya

bia

mmorosa

pombe

kokoo

kakao

tii

chai

kofe

kahawa

espresso

spreso

kapukyino

kapuchino

kwadu

ndizi

apol

tufaha

ankaa

machungwa

melon

tikiti

akutɔɔ

lemon

karɔt

karoti

garlik

kitunguu saumu

pampro

mianzi

gyeene

kitunguu

mmere

uyoga

nkateε

karanga

talia

nudo

spageti

spageti

ɛmo

mpunga

salad

saladi

kyipis

vibanzi

abrɔdwomaa a y'akye

viazi vya kukaanga

pisa

piza

hambɔga

hambaga

sanwekye

sandwichi

nam a dompe nnim

kipande

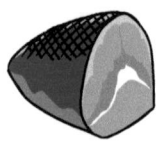

preko nam

paja la mnyama

nam a y'ahata

salami

sɔsege

soseji

akokɔ

kuku

toto

choma

apataa

samaki

oosu koko

oats ya uji

muesli

muesli

konflese

cornflakes

esam

unga

krossant

kroisanti

paano a y'abobɔ

andazi

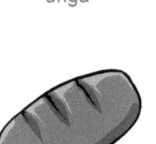

paano

mkate

paano a y'atoto

mkate wa kubanika

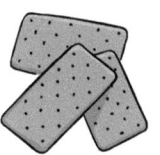

biskete

biskuti

bɔta

siagi

nufusuo a ada

maziwa mgando

keeke

kekI

kosua

yai

kosua a y'akyeɛ

yai kukaanga

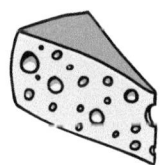

kyiis

jibini

asskrim

aiskrimu

asikyire

sukari

ɛwoɔ

asali

gyaam

jemu

kyokolete

kuenea kwa chokoleti

kɔri

mchuzi wa viungo

afuo
shamba

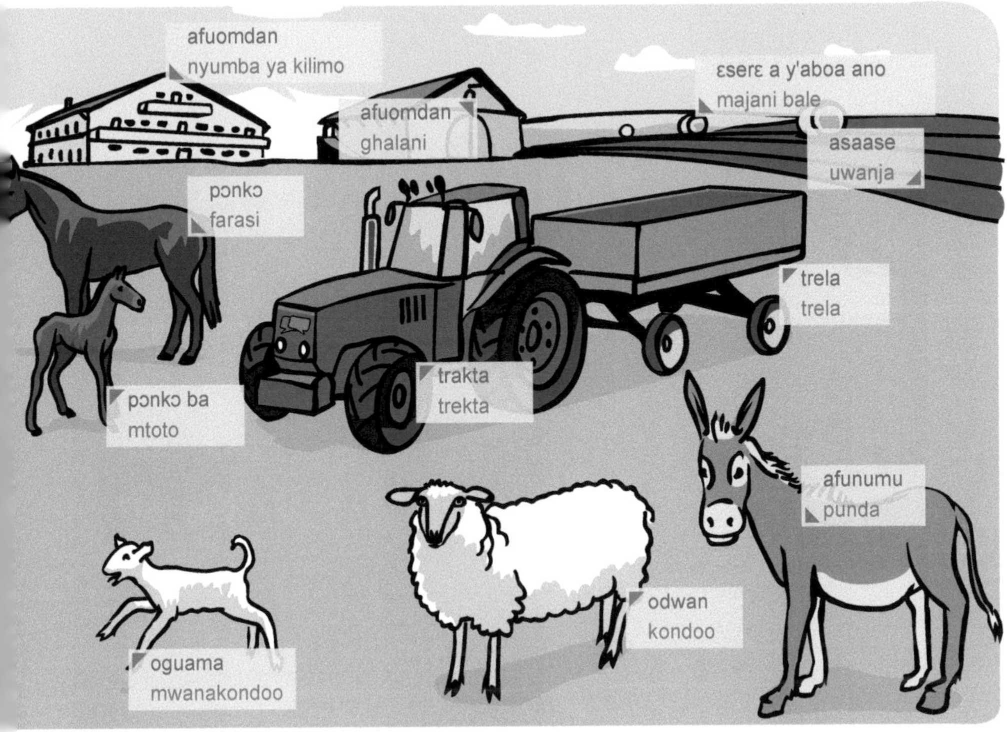
afuomdan
nyumba ya kilimo
afuomdan
ghalani
ɛserɛ a y'aboa ano
majani bale
asaase
uwanja
pɔnkɔ
farasi
trela
trela
trakta
trekta
pɔnkɔ ba
mtoto
afunumu
punda
odwan
kondoo
oguama
mwanakondoo

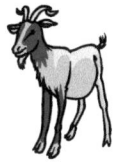

apɔnkye

mbuzi

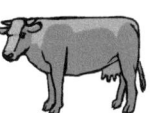

nantwie

ng'ombe

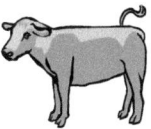

nantwie ba

ndama

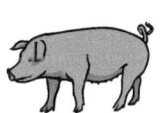

prɛko

nguruwe

prɛko ba

mwananguruwe

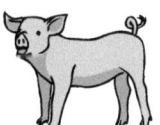

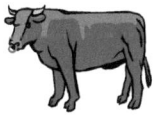

nantwinini

fahali

dabodabo nua

batabukini

dabodabo

bata

akɔkɔba

kifaranga

akɔkɔbedeɛ

kuku

akokɔnini

jogoo

kusie

panya

ɔkra

paka

akura

panya

nantwinini

ng'ombe

kraman

mbwa

kraman buo

nyumba ya mbwa

afuom drobɛn

bomba la bustani

tontora a yɛde gu nsuo

debe la kumwagilia maji

sekan a yɛde twa aburo

fyekeo

funtum dadeɛ

kulima

kɔntɔnkrɔ

mundu

asɔ

jembe

afuom adinam

uma wa nyasi

akuma

shoka

hweebaro

toroli

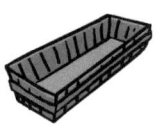

adidika

kupitia nyimbo

nufusuo konko

chombo cha maziwa

bɔtɔ

gunia

ɛban

ua

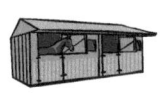

pɔnkɔ dan

imara

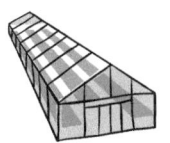

ntomadan a yɛyɛ mu afuo

chafu

anwea

udongo

aba

mbegu

ɔyɛ asaaseyie

mbolea

otwaberɛ trakta

kivunaji

twa
mavuno

otwaberɛ
mavuno

bayerɛ
viazi vikuu

ayuo
ngano

soya
soya

abrɔdwomaa
viazi

aburo
mahindi

repu aba
rapa

dua a ɛso aba
mti wa matunda

bankye
muhogo

aburo asefoɔ
nafaka

efie
nyumba

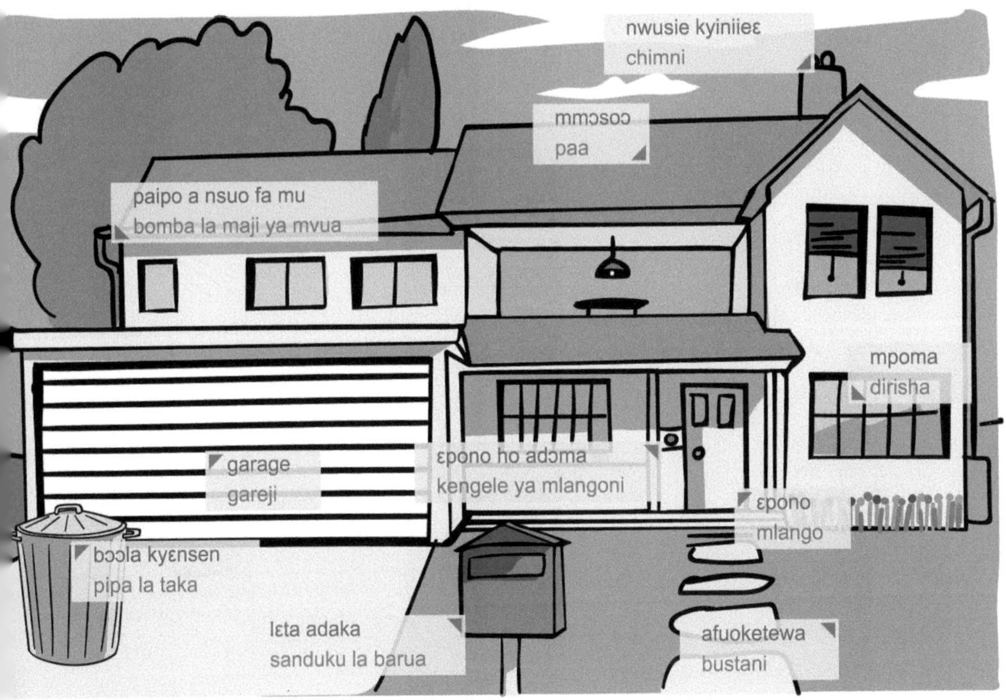

nwusie kyiniieɛ
chimni
mmɔsoɔ
paa
paipo a nsuo fa mu
bomba la maji ya mvua
mpoma
dirisha
garage
gareji
ɛpono ho adɔma
kengele ya mlangoni
ɛpono
mlango
bɔɔla kyɛnsen
pipa la taka
lɛta adaka
sanduku la barua
afuoketewa
bustani

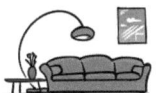

asaso

sebuleni

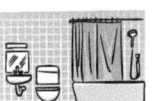

adwareɛ

bafu

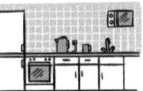

mukaase

jikoni

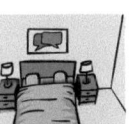

pie mu

chumba cha kulala

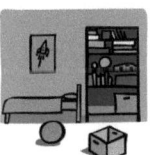

nkwadaa dan mu

chumba ya mtoto

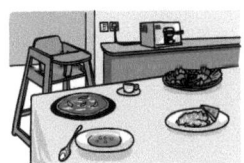

dan a yɛdidi mu

chumba cha kulia

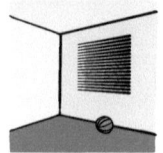

ɛfam

sakafu

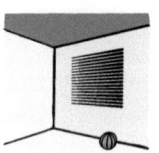

ɛban

ukuta

abruuso

dari

danbloo

pishi

adwereɛ a ɛbɔ ɔhyew

sauna

abranaa

roshani

abranaaso

mtaro

nsuo a yɛdware mu

kidimbwi

afidie a yɛde dɔ

mashine ya kukata nyasi

nsɛfam

karatasi

ntoma a ɛse kɛtɛ so

kitambaa cha kupamba
kitanda

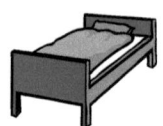

mpa

kitanda

prayɛ

ufagio

bokiti

ndoo

dane

kubadili

asaso
sebuleni

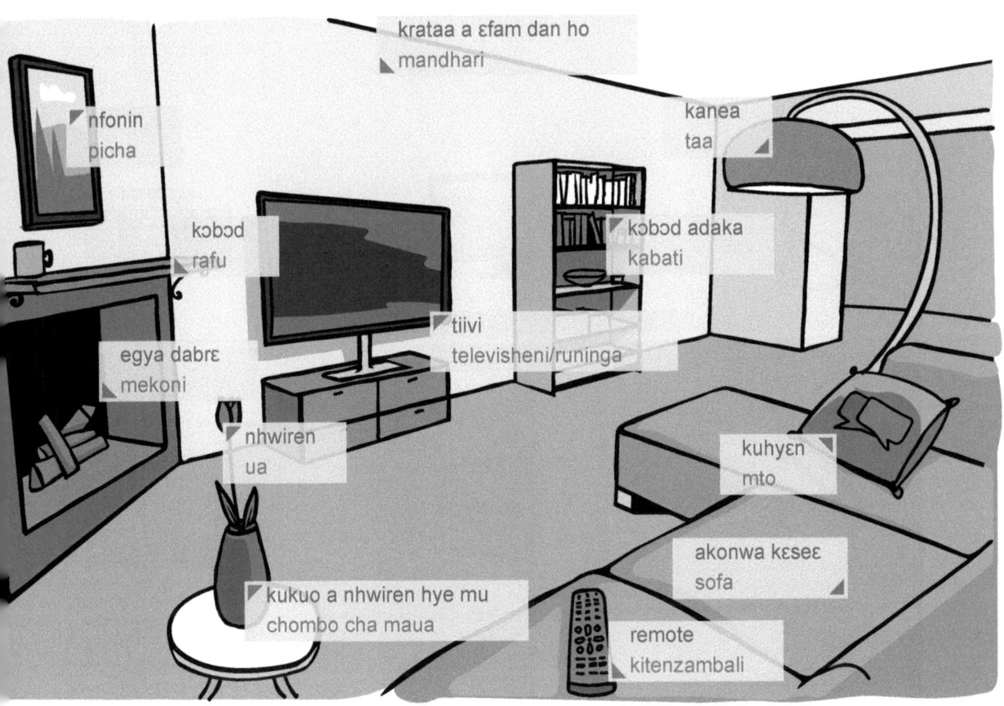
krataa a ɛfam dan ho
mandhari
nfonin
picha
kanea
taa
kɔbɔd
rafu
kɔbɔd adaka
kabati
tiivi
televisheni/runinga
egya dabrɛ
mekoni
nhwiren
ua
kuhyɛn
mto
akonwa kɛseɛ
sofa
kukuo a nhwiren hye mu
chombo cha maua
remote
kitenzambali

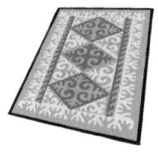

kapɛte

zulia

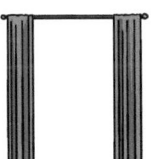

ntwaa dan mu

pazia

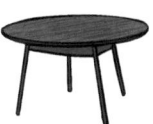

ɛpono

meza

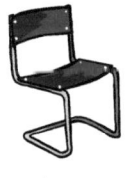

akonwa

kiti

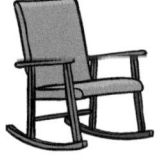

akonwa a ehinhim

kiti cha bembea

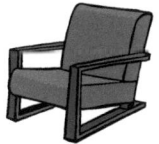

akonwa a yɛgyegye dan

armchair

nwoma
....
kitabu

kuntu
....
blanketi

dan mu nsiesie
....
mapambo

egya
....
kuni

sini
....
filamu

wailɛs
....
kifaa cha hi-fi

safoa
....
ufunguo

koowaa krataa
....
gazeti

nfonin a y'adwi
....
uchoraji

nfam danho
....
bango

radio
....
redio

krataa a yɛ twere mu
....
daftari

afidie a ɛprapra
....
kifyonza

kaktus
....
dungusi kakati

kyɛnere
....
mshumaa

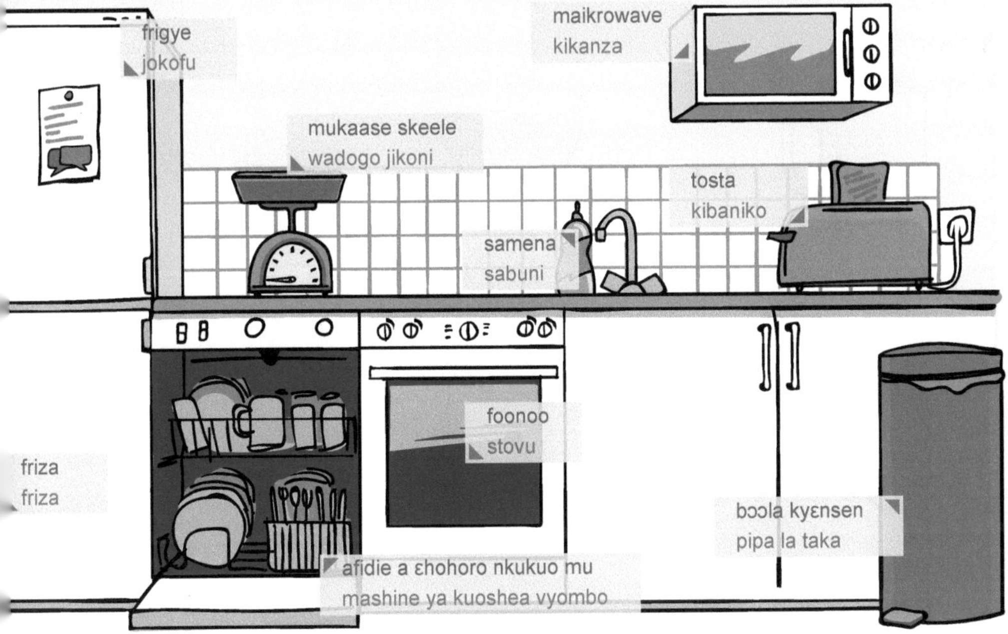

frigye
jokofu

maikrowave
kikanza

mukaase skeele
wadogo jikoni

tosta
kibaniko

samena
sabuni

friza
friza

foonoo
stovu

bɔɔla kyɛnsen
pipa la taka

afidie a ɛhohoro nkukuo mu
mashine ya kuoshea vyombo

abɛɛfo bukyea
jiko la kupika

kokuo
chungu

dadesɛn
sufuria ya chuma

wok / kadai
wok / kadai

kyɛnsee
kaango

nsuo hyeɛ afidie
birika

stiima

stima

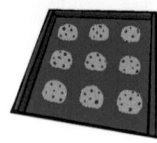

apa a yɛ to so adeɛ

sinia ya kuoka

prɛte, kuruwa, ntere ne nea ɛkeka ho

vyombo vya udongo

kuruwa a etumi bɔ

kombe

kyɛnsee

bakuli

nnua a yɛde didi

vijiti vya kulia

kwantre

ukawa

dua atere

mwiko mpana

yɛde nu adeɛ mu

burashi

sɔneɛ

kichujio

fefe

chujio

greta

mbuzi

waduro

chokaa

kyinkyinga

barbeque

bukyea

moto wazi

pono a yɛ twitwaso adeɛ

ubao wa majaribio

ɛta

kijiti cha kusukuma unga

deɛ yɛtu nsa so

kizibuo

konko

kopo

deɛ yɛde bue konko so

inaweza kopo

yɛde sɔ kukuo mu

kishikio cha chungu

sink

karo

brɔhye

brashi

sapɔ

sifongo

aduane yam fidie

kisagaji matunda

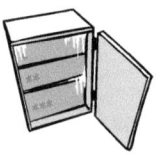

friza nini

friji ya kina

toa a abɔdoma nom ano

chupa ya mtoto

paipo

bomba

adwareɛ

bafu

ɔhyewbɔ
joto
hyawa
mfereji wa kuogea
bɔɔloba
taulo
ntoma etwa hyawa mu
pazia la kuogea
ahuro a yɛdware mu
maji ya kuoga yenye povu
pan a yɛdware mu
hodhi
glase
glasi
afidie a esi nnɛma
mashine ya kuosha
paipo
bomba
tiailse
vigae
kuraba
poti
sink
karo

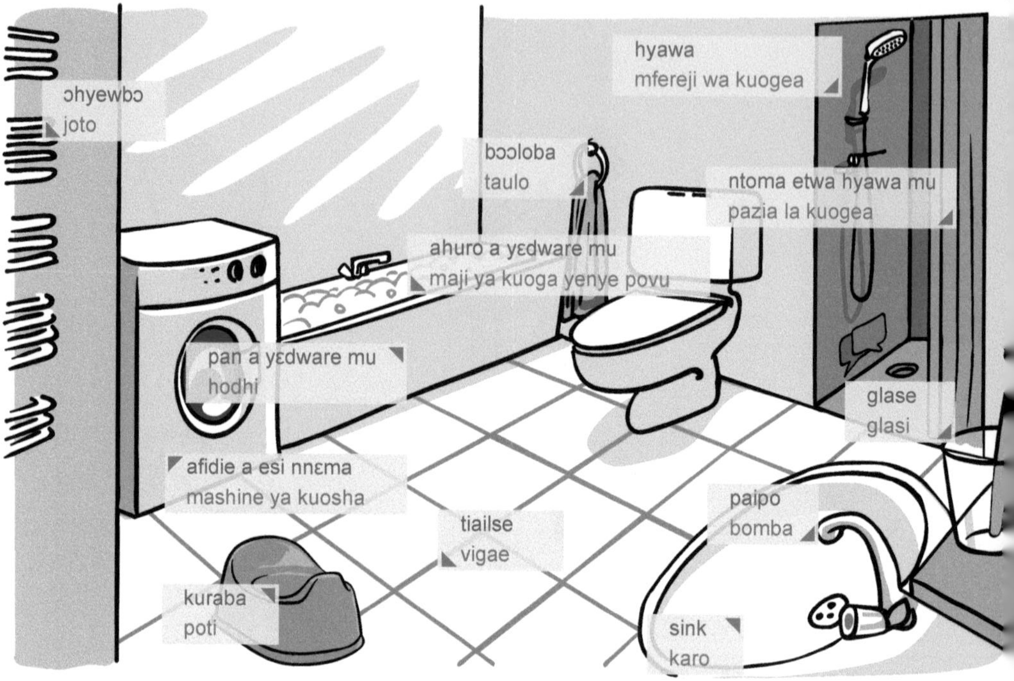

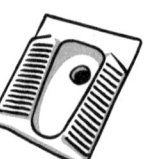

teɛfi

choo

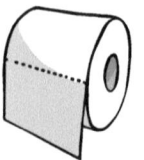

teɛfi a yɛ koto so

choo cha squat

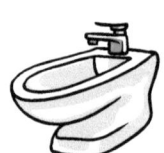

bidet teɛfi

beseni la mviringo

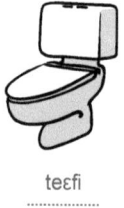

dwonsɔ dan

choo cha umma

teɛfi so krataa

shashi

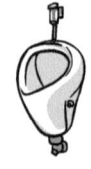

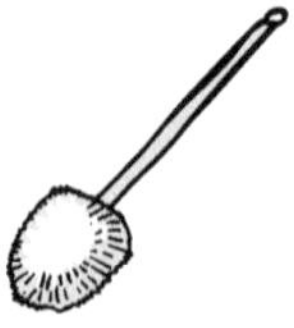

teɛfi so brɔhye

brashi ya choo

rɔhye a yɛde twitwiri see

mswaki

aduro a yɛde twitwiri see

dawa ya meno

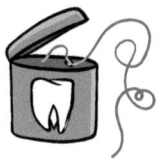

yɛde yiyi ɛsee mu

dawa ya meno

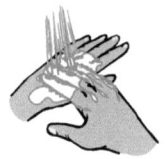

si

safisha

hyawa a yɛsɔ mu

kuoga mkono

paipo a yɛde hohoro ananmu

msukumo wa maji

bokiti

bonde

brɔhye a wode dware w'akyi

mpako wa pili

samena

sabuni

hyawa samena

jeli ya kuogea

nsuo samena

shampuu

flanɛl ntoma

flana

baabi a nsu fa pue

toa maji

nku

krimu

yɛde fefa amotoamu

kiondoa harufu

adwareɛ - bafu

ahwehwɛ

kioo

ahwehwɛ a yɛsɔ mu

kioo mkono

bled

kinyozi

ahuro a yɛde yi nwi

povu la kunyoa

aduro a yɛde fefa baabi a
wo ayi nwi

baada ya kunyoa

afen

kichana

brɔhye

brashi

afidie a ɛwo nwi

kikausha nywele

enwi sopre

marashi ya nyewele

pɔns

vipodozi

lipstike

kidomwa

penti a yɛde mɔreɛ so

varnish ya msumari

asaawa

pamba

apasoɔ a etwa mmɔreɛ

mkasi wa kucha

aduhwam

manukato

adwareɛ baage

mkoba wa kuosha

edwa

kinyesi

skele

mizani

adwereɛ ataadeɛ

nguo ya kuoga

rɔba a yɛde hyɛ nsa ho

glavu za mpira

tampon

kisodo

abɛɛfo amonsen

sodo

teɛfi a aduro gum

kemikali choo

nkwadaa dan mu

chumba ya mtoto

klɔk a ɛbɔ nkaeɛ
saa ya kengele
kyoobi
kidoli cha kupakata
toi kaa
gari bandia
akasaa
kelele
broniba dan
chumba cha midoli
seeseiara
sasa

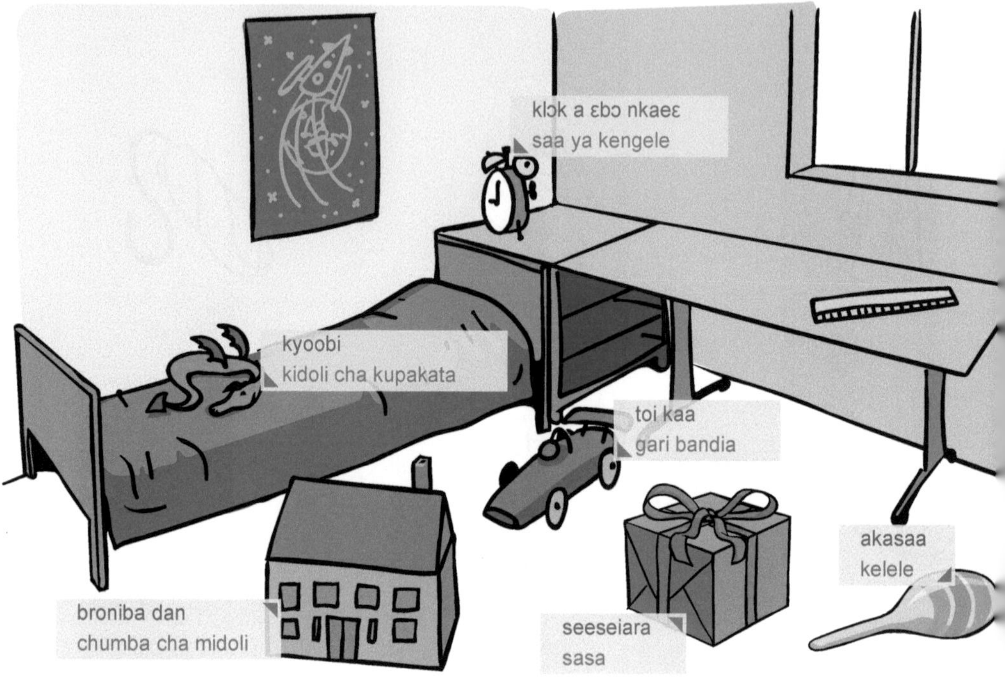

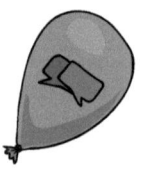

baaluu

baluni

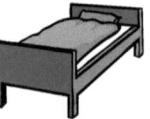

mpa

kitanda

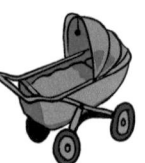

nkwadaa kaa

mashua

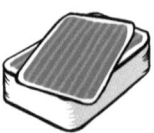

sopaa

staha ya kadi

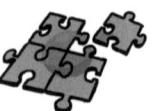

gyiksɔɔ

mchezo-fumb

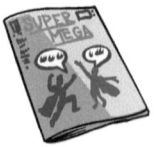

nsɛnkwa

vichekesho

lego blɔg

matofali lego

blɔg a yɛde si dan

vitalu mwigo

nnipa ɔbɔhye

hatua takwimu

abɔdoma ataadeɛ

suti ya kulalia

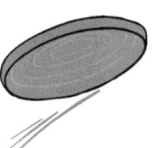

frisbee

kisahani

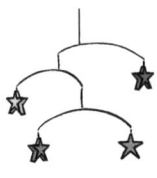

mobail

simu

ponoso agodie

ubao wa michezo

daahye

kete

nkwadaa keteke

garimoshi mwigo

koliko

dummy

apontoɔ

chama

nfonin nwoma

picha kitabu

bɔɔlo

mpira

broniba

kikaragosi

di agorɔ

kucheza

anwea adaka

shimo la mchanga

adonko

bembea

tois

vitu bandia

video agodie apaawa

kiweko cha video ya
mchezo

sakre a ne nan meɛnsa

baiskeli ya magurudumu

kyoobi

mwanasesere

wɔdropo

kabati

matatu

sɔks

soksi

stokens

stokingi

sekentait

kibano

duku
skafu

kyinieɛ
mwavuli

t-hyɛɛt
fulana

bɛlɛte
ukanda

mpaboa
viatu

kyalewate
ndara

kamboo
wakufunzi

asopatre
malapa

mpoboa
viatu

rɔba mpaboa
mabuti ya mpira

ɛtam
suruali ya ndani

bra
sidiria

singlɛte
fulana

ntaadeɛ - nguo

45

nipadua
....
mwili

trɔsa
....
suruali

gyins
....
dangirizi

sekɛɛt
....
sketi

ɛsoro ataadeɛ
....
blauzi

hyɛɛte
....
shati

nkatoho a ɛko awɔ
....
vuta

hoodie
....
sweta

koot
....
bleza

nkatasɔɔ
....
jaketi

nkatasɔɔ
....
koti

nsutɔ mu nkataho
....
koti la mvua

dwumadie bi ho ataadeɛ
....
maleba

mmaa atadeɛ
....
gauni

ayefrɔ ataadeɛ
....
mavazi ya harusi

kootu

suti

mmaa ataadeɛ a yɛde da

vazi la usiku

pigyamas ataadeɛ

pajama

sari

sari

duku

skafu

abotire

kilemba

burka

burka

kaftan

kaftan

nkramofoɔ mmaa atadeɛ

abaya

aadeɛ a yɛde dware nsuo

vazi la kuogelea

asenemu ataadeɛ

vazi la kiume la kuogelea

nika

kaptura

agokansie ntaadeɛ

teitei

akatasoɔ

aproni

nsa nkataho

glavu

bɔtom

kifungo

sopɛɛse

glasi

ahwneɛ

bangili

komadeɛ

mkufu

kawa

pete

asomadeɛ

herini

ɛkyɛ

kofia

yɛde koot sɛn so

kiango cha koti

ɛkyɛ

kofia

abɔmene mu

tai

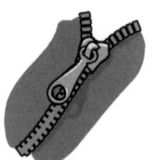

zip

zipu

ɛkyɛ denden

kofia

bresis

kanda za suruali

sukuu ataadeɛ

sare za shule

adwuma ataadeɛ

sare

mmɔfra bib

bibu

koliko

dummy

nkwadaa napken

nepi

asoeɛ
ofisi

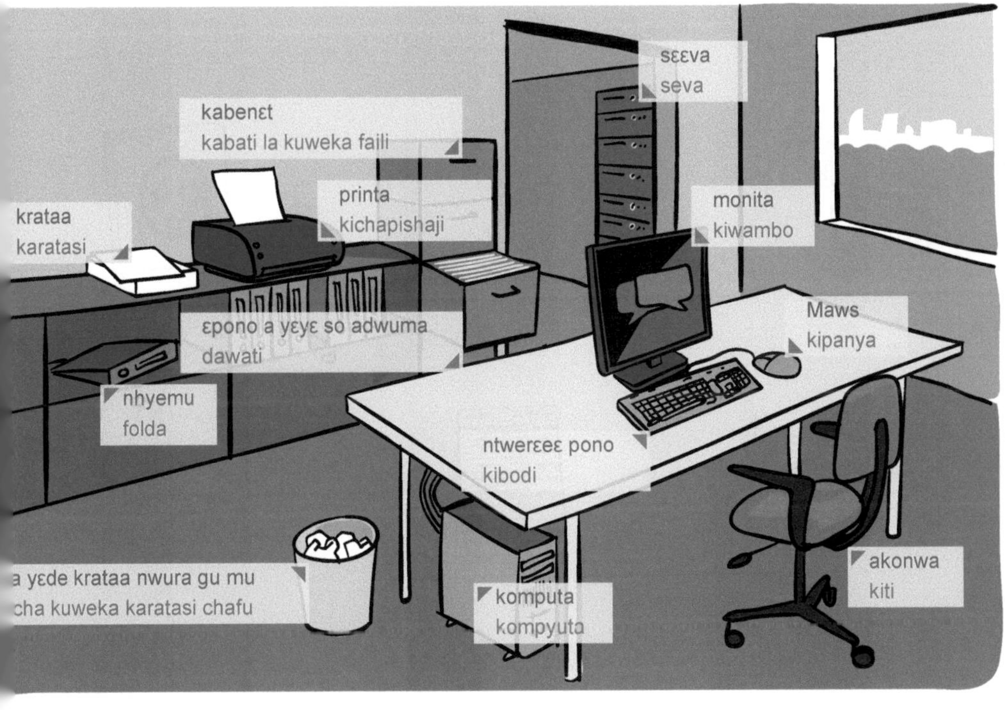

sɛɛva
seva

kabenɛt
kabati la kuweka faili

printa
kichapishaji

monita
kiwambo

krataa
karatasi

ɛpono a yɛyɛ so adwuma
dawati

Maws
kipanya

nhyemu
folda

ntwerɛeɛ pono
kibodi

a yɛde krataa nwura gu mu
cha kuweka karatasi chafu

komputa
kompyuta

akonwa
kiti

kɔfe kuruwa

kmobe la kahawa

akontabuo fidie

kikokotoo

intanɛt

biashara

laptop	lɛta	nkratɔɔ
mbali	barua	ujumbe

mobail kasafidie	nɛtwɛke	fotokɔpi
rununu	intaneti	fotokopia

softwɛɛ	tetefon	sɔkɛt
programu	simu	soketi
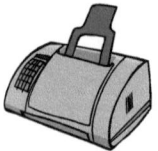	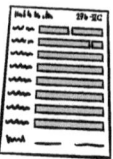	
faks afidie	katraa	nkrataa
kipepesi	fomu	hati

asoeɛ - ofisi

tɔ

kununua

tua

kulipa

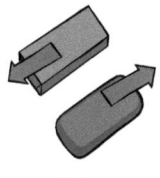

di dwa

biashara

sika

fedha

USD

dollar

dola

EUR

euro

yuro

JPY

yen

yeni

RUB

rubel

rouble

CHF

Swiss franks

faranga ya Uswisi

CNY

renminbi yuan

renminbi yuan

INR

rupii

rupia

baabi yɛtua sika

eneo la kulipia

baabi a yɛ sesa sika

ofisi ya ubadilishanaji

sika kɔkɔɔ

dhahabu

dwetɛ

fedha

now

mafuta

ahoɔden

nishati

ne boɔ

bei

kontragye

mkataba

ɛtoɔ

kodi

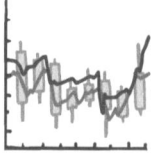

stɔk

bidhaa

adwuma

kazi

adwumayɛni

mfanyakazi

adwumawura

mwajiri

mfididwuma mu

kiwanda

sotɔɔ

duka

polisini
afisa wa polisi

odumgya adwumayɛni
mzimamoto

kuku
mpishi

dɔkota
daktari

obi a otwi wiemhyɛn
rubani

ɔyɛ afuo

mtunza bustani

dua dwomfoɔ

seremala

adepani baa

mshonaji

atɛnmuafoɔ

hakimu

ɔtɔn nnuro

mwanakemia

sini yɛfoɔ

muigizaji

bɔs drɔba

dereva wa basi

taisi drɔba

dereva wa teksi

ɔpofoɔ

mvuvi

ɔbaa a osiesie fie

mwanamke wa kusafisha

ɔbɔdanso

mwezekaji

ɔsom adidieɛ

mhudumu

bɔmɔfoɔ

mwindaji

penta

mchoraji

ɔto paano

mwokaji

ɔyɛ nkaneɛ ho adwuma

umeme

ɔdansifoɔ

mjenzi

inginia

mhandisi

ɔdwa nam

mchinjaji

plɔmba

fundi bomba

krataa manefoɔ

mwanaposta

sogyani
mwanajeshi

ɔdwi adan
msanifu majengo

ɔgyegye sika
keshia

ɔtɔn nhwiren
muuza maua

ɔyɛ tire
msusi

meeti
kondakta

fitani
mekanika

nnipa a otwi suhyɛn
nahodha

ɛsee dɔkota
daktari wa meno

abɔdeɛ mu nimdefoɔ
mwanasayansi

rabi
rɑbbi

kramo panin
imamu

ɔsɔfo
mtawa

ɔsɔfo
kasisi

anwenade

zana

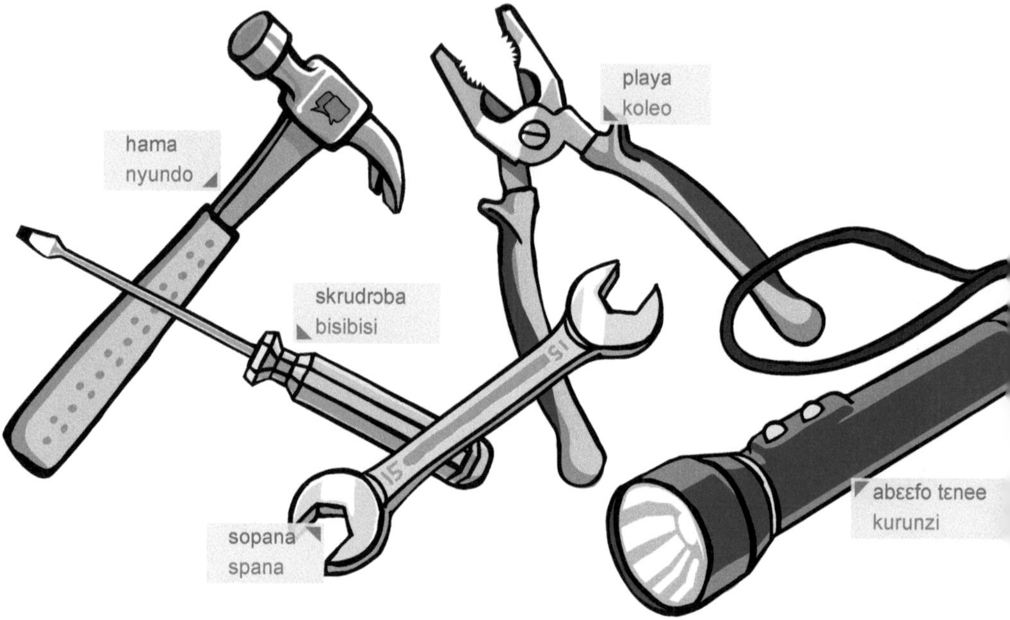

hama
nyundo
playa
koleo
skrudrɔba
bisibisi
sopana
spana
abɛɛfo tɛnee
kurunzi

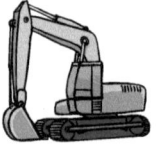

otu amena

mchimbaji

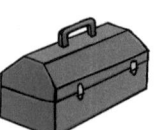

anwenade adaka

sanduku la vifaa

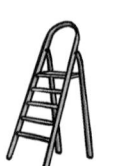

atwedeɛ

ngazi

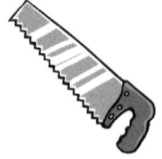

asradaa

msumeno

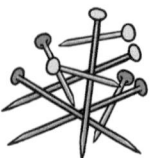

nnadewa

misumari

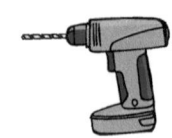

afidie a yɛde bɔne tokro

kuchimba visima

siesie
....
kukarabati

sofi
....
sepetu

Ebei!
....
Lo!

asanwura
....
kishikio cha uchafu

penti kukuo
....
chungu cha rangi

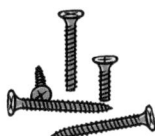

skruu
....
skurubu

nnɛɛma a yɛde bɔ nwom

ala za muziki

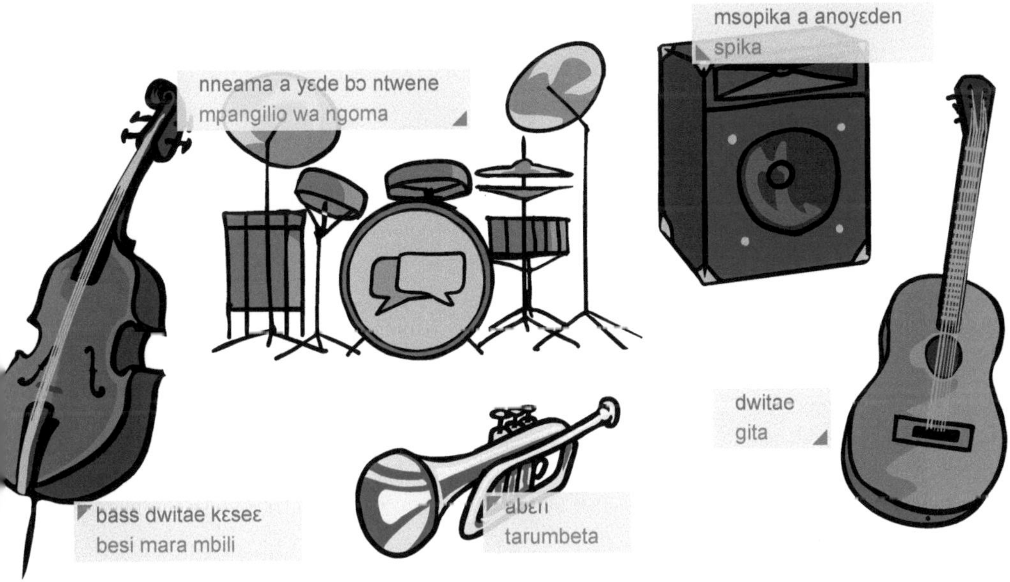

msopika a anoyɛden
spika

nneama a yɛde bɔ ntwene
mpangilio wa ngoma

dwitae
gita

bass dwitae kɛseɛ
besi mara mbili

abɛn
tarumbeta

sankuo
piano

ahoma sankuo
fidla

bass dwitae
ubeji

atumpan
timpani

ntwene
ngoma

ntwerɛeɛ apa
kibodi

saksofon
saksafoni

atentenbɛn
filimbi

maikrofon
maikrofoni

bustani ya wanyama

ɛpono ano
lango la kuingia

sɛbɔ
simbamarara

mmoa dan
ngome

zebra
pundamilia

mmoa aduane
chakula cha mifugo

panda
panda

mmoa
wanyama

ɔsono
tembo

kangaru
kangaruu

raino
kifaru

akatea
sokwe

sisire
dubu

afunupɔnkɔ

ngamia

sohori

mbuni

gyata

simba

adwee

tumbili

flamingo

heroe

ako

kasuku

awɔ mu sisire

dubu

penguin

penguini

oboodede

papa

akɔkonini abankwa

tausi

wɔwɔ

nyoka

dɛnkyɛm

mamba

nnipa ɛhwɛ zoo so

mtunza wanyama

nsuo mu gyata

muhuri

sebɔ

jaguar

pɔnkɔ ba

mwanafarasi

etwie

chui

susuono

kiboko

kontenten

twiga

ɔkɔdeɛ

tai

kɔkɔte

nguruwe mwitu

apataa

samaki

sudandan

kobe

walrus

sili

sakraman

mbweha

ɔtwee

paa

Amerikafɔɔ futbɔɔlo
soka ya marekani

skre twie
uendeshaji baiskeli

tennis
tenisi

basketbɔɔlo
mpira wa kikapu

nsuom adwareɛ
kuogelea

asukɔkyea so hɔki
magongo ya barafuni

akutruku
ndondi

futbɔl
·················
soka

badmintin
·················
vinyoya

mirikatuo
·················
riadha

bɔɔlo a yɛde nsa bɔ
·················
mpira wa mikono

skii
·················
skii

polo
·················
polo

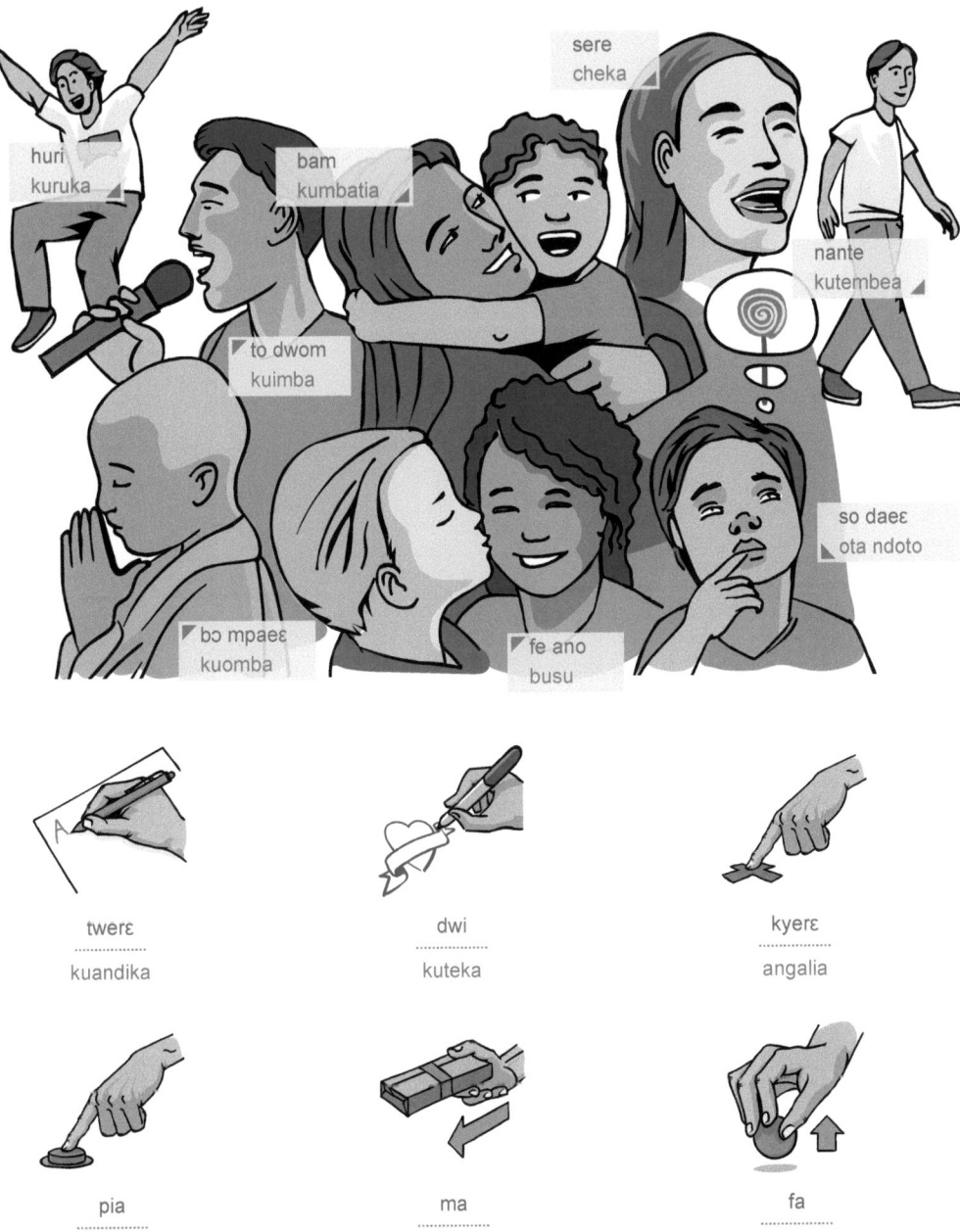

sere
cheka

huri
kuruka

bam
kumbatia

nante
kutembea

to dwom
kuimba

so daeɛ
ota ndoto

bɔ mpaeɛ
kuomba

fe ano
busu

twerɛ kuandika	dwi kuteka	kyerɛ angalia
pia sukuma	ma kutoa	fa kuchukua

nya
kuwa

yɛ
fanya

yɛ
kuwa

gyina
kusimama

tu mirika
kukimbia

twe
vuta

to
kutupa

tɔ fam
kuanguka

da hɔ
hadaa

twɛn
kusubiri

soa
kubeba

tenase
kukaa

hyɛ ataadeɛ
vaa nguo

da
usingizi

nyane
kuamka

hwɛ
kuangalia

su
lia

san ho
kiharusi

nunum
chana nywele

kasa
ongea

te aseɛ
kuelewa

bisa
kuuliza

tie
kusikiliza

nom
kunywa

didi
kula

yɛ nsiesie
nadhifisha

ɔdɔ
upendo

noa
mpishi

twi
gari

tu
kuruka

fa nsuo so
meli

sese
kokotoa

kenkan
kusoma

sua
kujifunza

adwuma
kazi

ware
kuoa

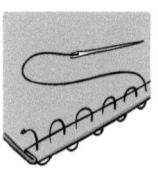

pam
kushona

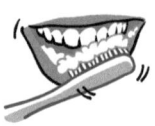

twitwiri wo se
piga mswaki

kum
kuua

nom gyɔt
moshi

mane
kutuma

nana baa
bibi

nana barima
babu

papa
baba

maame
mama

abɔdoma
mtoto

ba baa
binti

ba barima
bin

ɔhɔhoɔ
mgeni

sewaa
shangazi

wɔfa
mjomba

nua barima
kaka

nua baa
dada

nipadua

mwili

moma
paji la uso
ani
jicho
abɛtire
bega
nsatea
kidole
anim
uso
apantan
kidevu
nsa
mkono
ɛnan
mguu
nufoɔ
matiti
nsa
mkono

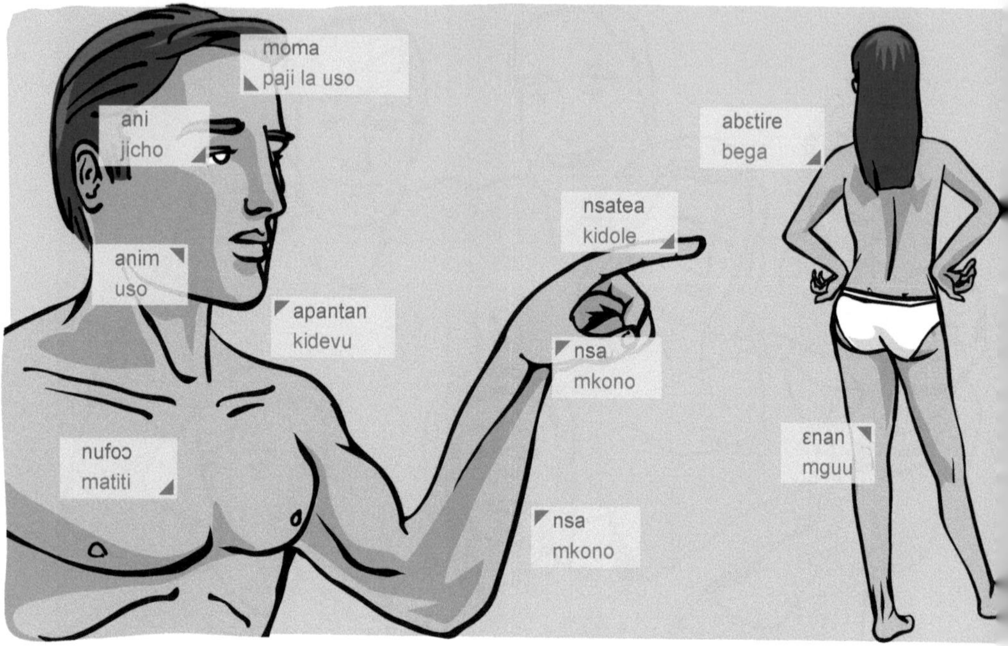

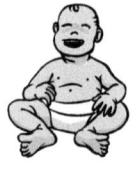

abɔdoma

mtoto

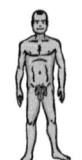

barima

mwanamume

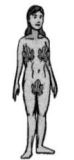

ɔbaa

mwanamke

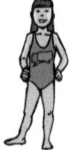

abayewa

msichana

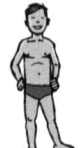

abarimawa

mvulana

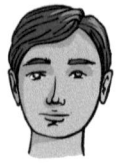

etire

kichwa

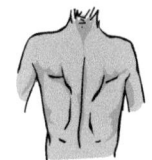

akyi

nyuma

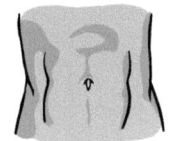

afro

tumbo

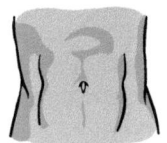

fruma

kitovu

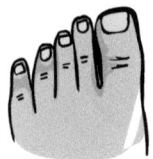

nansoa

chano

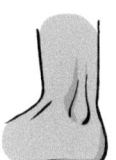

nantini

kisigino

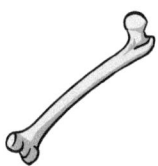

dompe

mfupa

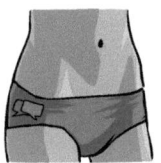

ataasɔ

nyonga

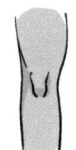

kotodwe

goti

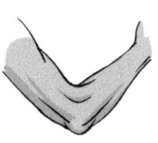

abatwɛ

kiwiko

ɛhwene

pua

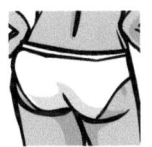

ɛtoɔ

ohini

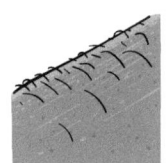

wedeɛ

ngozl

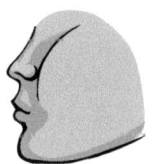

afono

shavu

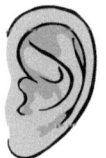

aso

sikio

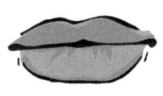

ano

mdomo

nipadua - mwili

anom

kinywa

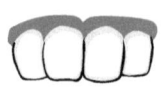

ɛsee

jino

tɛkyerɛma

ulimi

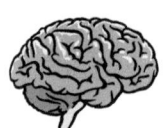

adwene

ubongo

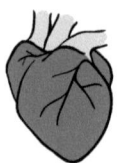

akoma

moyo

ntini

misuli

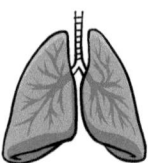

aharawa

pafu

brɛbɔɔ

ini

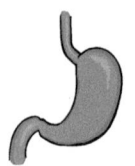

yafunu

tumbo

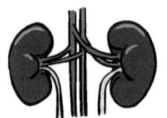

asaa

figo

nna

jinsia

kɔndɔm

kondomu

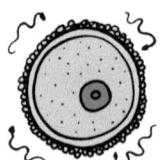

ɔbaa nkosua

ovari

barima ho nsuo

shahawa

nyinsɛn

mimba

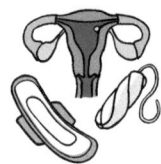

nsabuo

hedhi

ɛtwɛ

uke

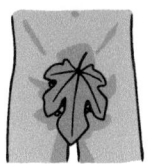

kɔteɛ

uume

anintɔn

unyusi

enwin

nywele

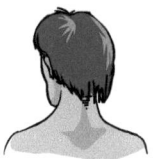

ɛkɔn

shingo

ayaresabea
hospitali

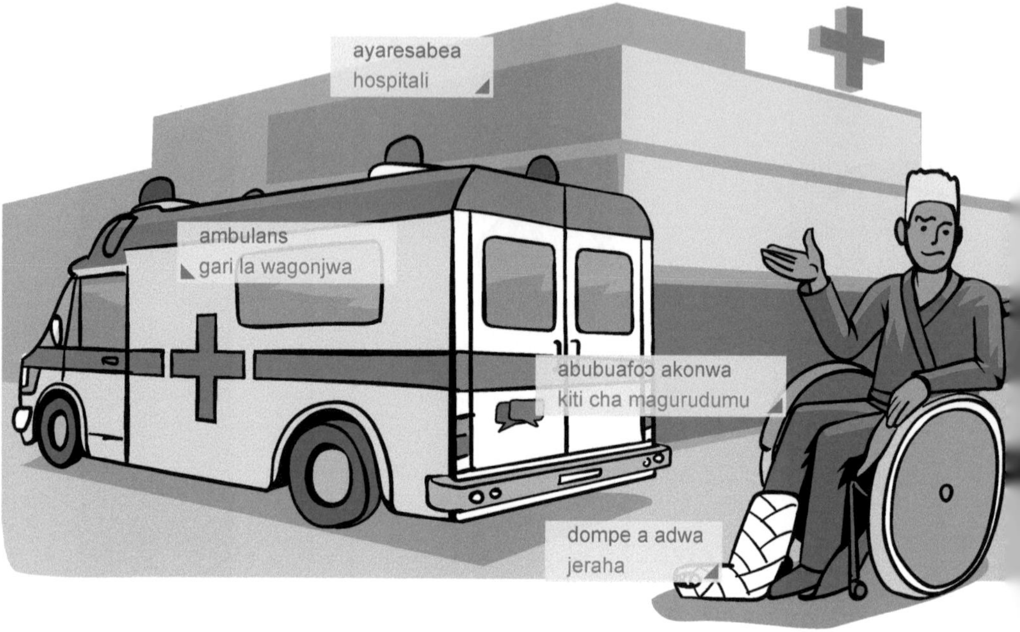

ayaresabea
hospitali
ambulans
gari la wagonjwa
abubuafoɔ akonwa
kiti cha magurudumu
dompe a adwa
jeraha

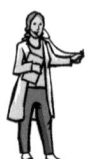

dɔkota

daktari

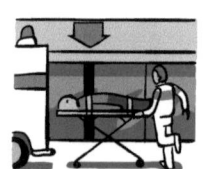

ɛdan a wɔde putupru nsɛm kɔmu

chumba cha dharura

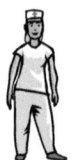

nɛɛse

muuguzi

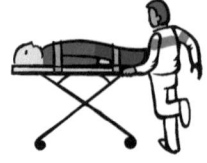

putupru

dharura

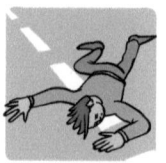

wɔ atwa ahwe

kupoteza fahamu

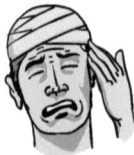

yea

maumivu

epira

kuumia

mogyatuo

kutokwa na damu

akoma yarenini

mshtuko wa moyo

stroke yareɛ

kiharusi

allegyi

mzio

ɛwa

kikohozi

ahoɔhyeɛ

homa

papu

mafua

ayamtuo

kuharisha

tipaeɛ

maumivu ya kichwa

kokoram

kanɛa

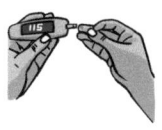

asikyire yareɛ

ugonjwa wa kisukari

dɔkota a ɛyɛ oprehyɛn

daktari mpasuaji

skapɛl sekan

kisu kidogo cha kupasulia

aprehyɛn

operesheni

CT

picha changanufu ya mwili

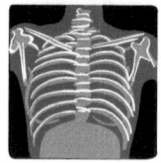

x-ray

Eksrei

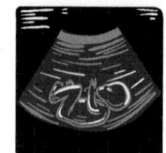

ultrasound

mawimbi sauti

nkatanim

barakoa ya uso

yareɛ

ugonjwa

ɛdan a wɔ twɛn mu

chumba cha kusubiri

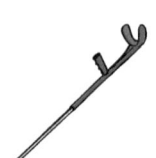

krɔhyes

mkongojo

plasta

plasta

banege

bendeji

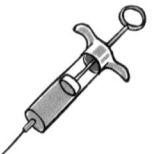

paneɛ

sindano

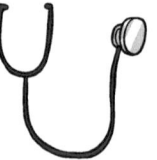

Stetoskop

stetoskopu

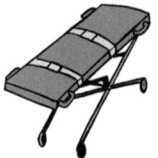

ahomankaa

machela

afidie a esusu ahoɔhyeɛ

kipimajoto cha kliniki

awoɔ

kuzaliwa

kɛseɛ mmorosoɔ

unene kupita kiasi

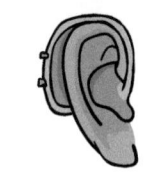

afidie a ɛboa asɛmtie

kusikia misaada

aduro a ekum mmoawa

kipukusi

yareɛ a mmoawa deba

maambukizi

vaarɔs

virusi

HIV / AIDS

VVU / UKIMWI

aduro

dawa

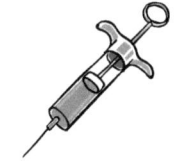

aduro a esi yareɛ ano

chanjo

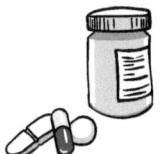

aduro tablɛte

vidonge

topaeɛ

kidonge

ɔfrɛ wɔ putupru so

simu ya dharura

afidie a esusu mogya
mmrosoɔ

haemodainamometa

yareɛ / apomuden

mgonjwa / mwenye afya

Boa me!

Msaada!

kɔkɔbɔ

kengele

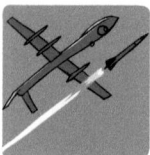

ato ahyɛ obi so

shambulizi

ɛyɛ hu

hatari

ɛborɔ

pigo

Ogya!

Moto!

afidie a yɛde dumgya

kizima moto

baabi a yɛfa de pue putupru so

lango la dharura

nkwanhyia

ajali

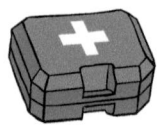

nneɛma yɛde sɔ yareɛ ano

vifaa vya huduma ya kwanza

SOS

wito wa msaada

polisi

polisi

Yuropo

Ulaya

Amerika atifi

Amerika ya Kaskazini

Amerika ananfoɔ

Amerika ya Kusini

Abiberm

Afrika

Asia

Asia

Australia

Australia

Atlantik

Atlantiki

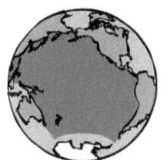

Pasifek

Pasifiki

India po kɛseɛ

Bahari ya Hindi

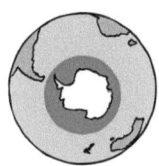

Antaatek po keseɛ

Bahari ya Antaktiki

Aatek po kɛseɛ

Bahari ya Aktiki

Ewiase atifi

Ncha ya Kaskazini

Ewiase anaafoɔ

Ncha ya Kusini

Antaatek

Antaktika

Ewiase

dunia

asaase

nchi

ɛpo

bahari

supɔ

kisiwa

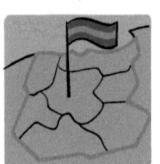

ɔman

taifa

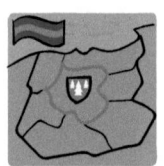

ɔman

jimbo

Ewiase - dunia

kloko no anim

uso wa saa

donhwere nsa no

akrabu ya saa

sima nsa

akrabu ya dakika

anitɛtɛ nsa no

akrabu ya sekunde

Abɔ sɛn?

Ni saa ngapi?

da

siku

berɛ

wakati

seeseiara

sasa

wkye a nɔma wɔ so

saa ya dijitali

sima

dakika

donhwere

saa

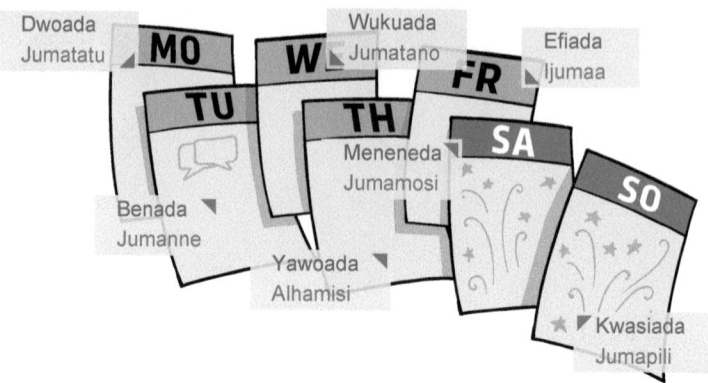

Dwoada
Jumatatu

Wukuada
Jumatano

Efiada
Ijumaa

Benada
Jumanne

Meneneda
Jumamosi

Yawoada
Alhamisi

Kwasiada
Jumapili

ɛnora
....
jana

ɛnora
....
leo

ɔkyina
....
kesho

anɔpa
....
asubuhi

prɛmtobrɛ
....
saa sita mchana

anwumerɛ
....
jioni

adwuma nna
....
siku za biashara

nnawɔtwe awieɛ
....
mwishoni mwa wiki

afe
mwaka

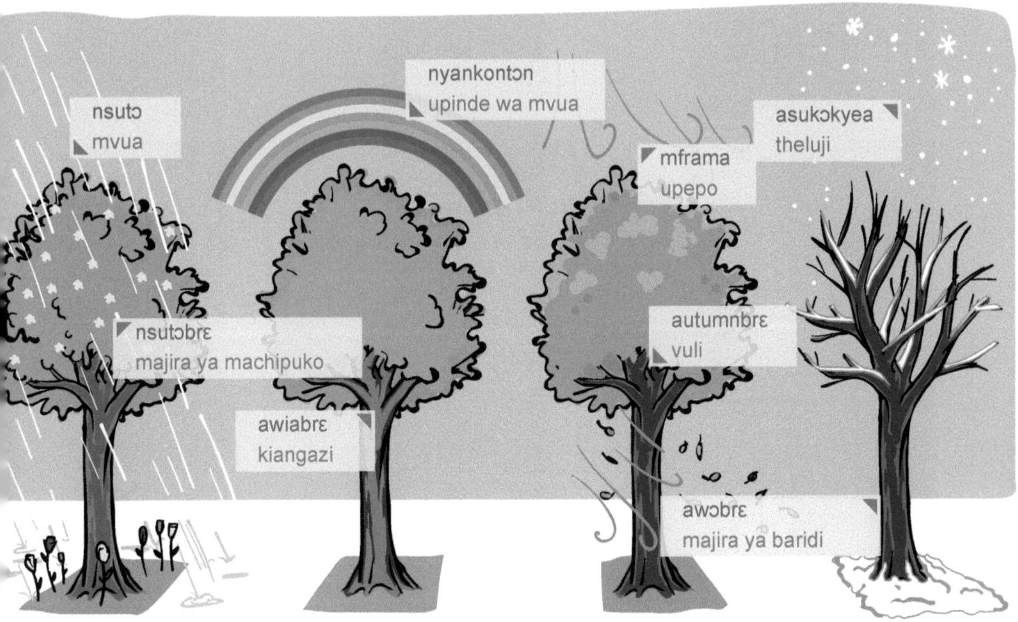

nsutɔ
mvua
nyankontɔn
upinde wa mvua
asukɔkyea
theluji
mframa
upepo
nsutɔbrɛ
majira ya machipuko
autumnbrɛ
vuli
awiabrɛ
kiangazi
awɔbrɛ
majira ya baridi

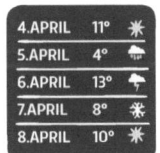

4.APRIL 11°
5.APRIL 4°
6.APRIL 13°
7.APRIL 8°
8.APRIL 10°

ewlem nsakrɛɛɛ

utabiri wa hali ya hewa

F C
120 40
90 30
60 20
30 10
0 0
-30 -10
-20

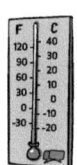

afidie a esusu ade ho hyeɛ

kipimajoto

awiabɔ

mwanga wa jua

munukum

wingu

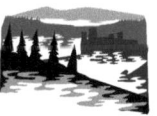

ɛbɔ

ukungu

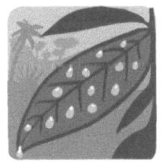

ewiem nsuo

unyevu

ayerɛmo

umeme

apranaa

radi

ehum

dhoruba

asukɔkyea

mvua ya mawe

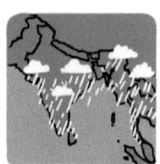

monsoonbrɛ

monsuni

nsuyiri

mafuriko

aise

barafu

ɔpɛpɔn

Januari

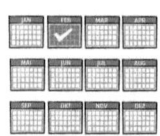

ɔgyefoɔ

Februari

ɔbɛnem

Machi

Oforisuo

Aprili

Kotonimaa

Mei

Ayɛwohomumu

Juni

Kitawonsa

Julai

ɔsanaa

Agosti

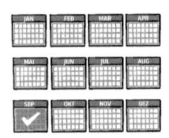

ɛbɔ
....
Septemba

Ahinime
....
Oktoba

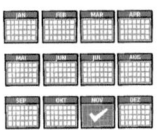

Obubuo
....
Novemba

ɔpɛnimaa
....
Desemba

abosuo
maumbo

kanko
....
mduara

sokwɛɛ
....
mraba

rɛktangel
....
mstatili

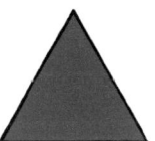

triangel
....
pembetatu

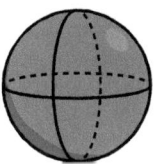

krukruwa
....
nyanja

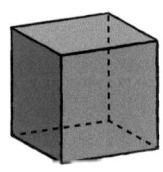

adaka
....
mchemraba

fitaa

nyeupe

akokɔ sradeɛ

manjano

ankaa

chungwa

pink

rangi ya waridi

kɔkɔɔ

nyekundu

pɛpol

hudhurungi

bruu

bluu

ahaban mono

kijani

braun

hanja

nson

jivujivu

tuntum

nyeusi

pii / ketewa

mengi / kidogo

wo boafu / wɔ adwo

hasira / pole

ɛyɛ fɛ / ɛyɛ tan

nzuri / mbaya

ahyɛseɛ / awieɛ

mwanzo / mwisho

kɛseɛ / esua

kubwa / ndogo

ɛha / esum

angavu / giza

nuabarima / nuabaa

kaka / dada

ɛho te / ayɛ fin

safi / chafu

awie / enwieɛ

kamilika / tokamilika

awia / anadwo

siku / usiku

awu / ɛte ase

wafu / hai

emubae / ɛyɛ tea

pana / nyembamba

yɛde /yɛnni

kulika / kutolika

bɔne / tema

ovu / ema

wɔ aniagye / wɔ ani nka

sisimkwa / udhika

ɔso / teatea

nene / nyembamba

edikan / etwatoɔ

kwanza / mwisho

adamfoɔ / atamfo

rafiki / adui

ayɛ mma / hwee nim

jaa / tupu

ɛdenden / mmerɛ mmerɛ

ngumu / laini

ɛyɛ duru / ɛyɛ ha

nzito / nyepesi

ɛkɔm / nsukɔm

njaa / kiu

yareɛ / apomuden

mgonjwa / mwenye afya

etia mmara / ɛwɔ mmara mu

haramu / kisheria

nyansa / gyimi

akili / kijinga

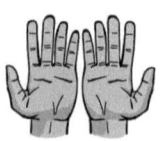

benkum / nifa

kushoto / kulia

ɛbɛn / akyire

karibu / mbali

foforɔ / dada

mpya / kutumika

hwee / biribi

kitu / jambo

wɔ anyini/ ɔsua

zee / changa

sɔ /dum

waka / zima

bue / tom

wazi / fungwa

dinn / dede

utulivu / kelele

ɔdefoɔ / ohia

tajiri / masikini

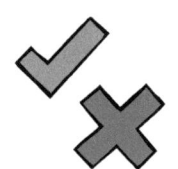

nifa / benkum

sahihi / kosa

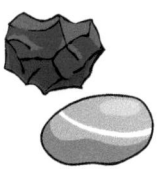

werewerɛwerewerɛ / trontron

mbaya / laini

awerɛhoɔ / anigyeɛ

huzunika / furahia

tietia / tenten

fupi /ndɔfu

nyaa / ntɛm

polepole / haraka

afɔ / awɔ

nyevu / kavu

dedɛɛdeɛɛ / adwo

joto / baridi

akoo / asomdweɛ

vita / amani

0	**1**	**2**
hwee	baako	mienu
sufuri	moja	mbili

3	**4**	**5**
meɛnsa	ɛnan	enum
tatu	nne	tano

6	**7**	**8**
nsia	nson	nwɔtwe
sita	saba	nane

9	**10**	**11**
nkron	edu	du-baako
tisa	kumi	kumi na moja

12
du-mienu
kumi na mbili

13
du-meɛnsa
kumi na tatu

14
du-nan
kumi na nne

15
du-num
kumi na tano

16
du-nsia
kumi na sita

17
de-nson
kumi na saba

18
du-nwɔtwe
kumi na nane

19
du-nkron
kumi na tisa

20
aduonu
ishirini

100
ɔha
mia

1.000
apem
elfu

1.000.000
ɔpepem
millioni

Brɔfo

Kiingereza

Amerikafoɔ Brɔfo

Kiingereza cha Marekani

Chainfoɔ Mandarin

Kimandarini cha Uchina

Hindi

Kihindi

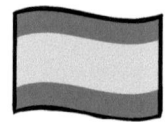

Spainfoɔ kasa

Kihispania

French kasa

Kifaransa

Arabia kasa

Kiarabu

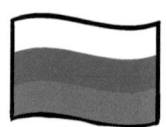

Russianfoɔ kasa

Kirusi

Portugalfoɔ kasa

Kireno

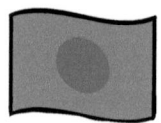

Bengali

Kibengali

Germanfoɔ kasa

Kijerumani

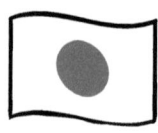

Japanfoɔ kasa

Kijapani

Me

mimi

wo

wewe

ono

yeye / yeye / ni

yɛn

sisi

wo

wewe

ɔmmo

wao

hwan?

nani?

deɛ bɛn?

nini?

ɛyɛ deɛn?

jinsi gani?

ehen?

wapi?

dabɛn?

lini?

edin

jina

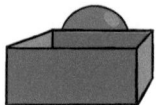

akyire

nyuma

emu

katika

anim

mbele ya

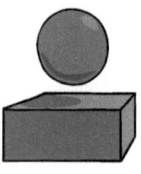

εsoro

juu ya

εso

kwenye

aseε

chini ya

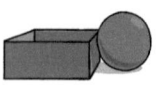

nkyεn

kando

ntεm

kati

beaε

mahali